# ROBERT LEWIS

# MEN'S FRATERNITY

# LA BÚSQUEDA DE UNA MASCULINIDAD AUTÉNTICA

LifeWay Press®
Nashville, Tennessee

© Copyright 2003 • Fellowship Bible Church & Fellowship Associates, Inc.

Ninguna parte de este libro puede ser reproducida o copiada, bien sea de manera electrónica o mecánica, incluyendo fotocopias, grabaciones, digitalización y/o archivo de imágenes electrónicas, excepto cuando se autorice por la Editorial. Las solicitudes de permisos para realizar reproducciones o copias deben hacerse por escrito y enviarse a: LifeWay Press, One LifeWay Plaza, Nashville, TN 37234-0175.

ISBN 978-1-4158-6013-7
Item 005097867

Este libro es el texto para el curso CG-1326 en el área de Vida Personal y Enriquecimiento Espiritual en el Plan de Estudio de Desarrollo Cristiano

Clasificación Decimal Dewey 248.842
Subdivisión: Hombres/Vida cristiana

A menos que se indique lo contrario, todas las citas bíblicas se han tomado de la Santa Biblia, Versión Reina Valera de 1960, propiedad de las Sociedades Bíblicas en América Latina, publicada por Brodman & Holman Publishers, Nashville, TN., Usada con permiso.

Fraternidad de Hombres es una marca registrada de Fellowship Associates, Inc.

Para ordenar copias adicionales escriba a LifeWay Church Resources Customer Service, One LifeWay Plaza, Nashville, TN 37234-0113; FAX (615) 251-5933; teléfono 1-800 257-7744 ó envíe un correo electrónico a customerservice@lifeway.com. Le invitamos a visitar nuestro portal electrónico en *WWW.lifeway.com/espanol* donde encontrará otros muchos recursos disponibles. También puede adquirirlo u ordenarlo en la librería LifeWay de su localidad o en su librería cristiana favorita.

Impreso en los Estados Unidos de América

Equipo de LifeWay Español
Leadership and Adult Publishing
LifeWay Church Resources
One LifeWay Plaza
Nashville, TN 37234-0175

# LA BÚSQUEDA DE UNA MASCULINIDAD AUTÉNTICA
## ÍNDICE DE CONTENIDOS

1. En la línea de salida: Cinco Promesas de la Masculinidad .................................. 1
2. Las Cuatro Caras del Hombre .................................. 4
3. El Primer Paso a una Masculinidad Auténtica: Mirando Hacia Atrás .................................. 8
4. El Segundo Paso a una Masculinidad Auténtica: "Desempacar" .................................. 10
5. Recordando al Padre .................................. 12
6. Cómo Afrontar la Herida del Padre .................................. 14
7. El Vínculo Excesivo con la Madre .................................. 16
8. Una Ruptura Saludable con la Madre .................................. 18
9. La Herida de la Soledad .................................. 21
10. Tres Hurras por los Mentores .................................. 23
11. La Herida del Corazón .................................. 27
12. Implicaciones de la Herida del Corazón .................................. 29
13. La Solución de la Herida del Corazón .................................. 32
14. Prepárense Para la Segunda Parte .................................. 34
15. Génesis y la Masculinidad, 1ª Parte .................................. 38
16. Génesis y la Masculinidad, 2ª Parte .................................. 40
17. Una Definición Bíblica de la Masculinidad 1ª Parte .................................. 42
18. Una Definición Bíblica de la Masculinidad 2ª Parte .................................. 45
19. El Hombre y su Esposa 1ª Parte .................................. 49
20. El Hombre y su Esposa 2ª Parte .................................. 51
21. 25 Formas de Ser un Líder Servidor .................................. 54
22. Padres e Hijos .................................. 57
23. Padres e Hijas .................................. 60
24. El Hombre y el Viaje de su Vida .................................. 62

    CLAVE DE RESPUESTAS .................................. 66

LA BÚSQUEDA DE UNA MASCULINIDAD AUTÉNTICA

**SESIÓN 1**

# EN LA LÍNEA DE SALIDA: CINCO PROMESAS DE LA MASCULINIDAD

I. ¡Bienvenido a la Búsqueda de una Masculinidad Auténtica!

II. Un breve resumen de la Fraternidad de Hombres™

|  | FH 1 | FH 2 | FH 3 |
|---|---|---|---|
| Nombre: | | | |
| Enfoque: | | | |
| Elemantos Principales: | | | |
| Principal Desafío: | | | |
| Pasión: | | | |

III. Presuposiciones básicas con las que inicio nuestro viaje a la masculinidad

    A. La masculinidad se encuentra en un estado de _____.

    B. Los hombres _____ provocan problemas serios.

## LA BÚSQUEDA DE UNA MASCULINIDAD AUTÉNTICA
### SESIÓN 1

    C. Los hombres _____ se conforman con menos.

    D. Actualmente no hay una _____ digna de la masculinidad que los hombres encuentren convincente.

    E. La _____ tiene explicaciones y respuestas útiles para los puntos anteriores.

IV. Raíces históricas a la presente crisis de la masculinidad

    A. La revolución industrial

    B. La segunda guerra mundial

    C. Feminismo

V. Cinco promesas que puedo cumplir si acaban esta búsqueda de una masculinidad auténtica

    A. Obtendrán una _____ clara de la masculinidad.

    B. Desarrollarán un nuevo _____ de la masculinidad.

    C. Harán _____ importantes acerca de ustedes mismos.

    D. Harán nuevos _____ que persiguen el mismo fin.

    E. Tendrán su propio _____ para alcanzar una masculinidad auténtica.

Preguntas Para el Grupo Pequeño

Asegúrese de que todas las personas de su grupo hayan tenido ocasión de presentarse.

1. ¿Por qué eligió unirse a un estudio sobre la masculinidad como éste? ¿Cuáles son sus expectativas personales ahora, al inicio de la Fraternidad de Hombres™?

2. Hoy se han hecho 5 promesas. ¿cuál de ellas le resulta más emocionante? ¿Por qué?


UNA SUGERENCIA...

Le resultará de gran utilidad una carpeta de anillas para archivar, de forma ordenada, todas las notas que tome en la Fraternidad de hombres™ así como su Plan de Masculinidad.

LA BÚSQUEDA DE UNA MASCULINIDAD AUTÉNTICA
**SESIÓN 2**

# LAS CUATRO CARAS DEL HOMBRE

I. Introducción

II. Las Cuatro Caras del Hombre

   A. 1ª Cara: _____

   1. Refleja: _____.

   2. Se caracteriza por:

   - _____
   - _____
   - _____
   - _____

   3. Vista en las Escrituras:

   - _____
   - _____

   B. 2ª Cara: _____

   1. Refleja: _____.

   2. Se caracteriza por:

   - _____
   - _____
   - _____
   - _____
   - _____

## LA BÚSQUEDA DE UNA MASCULINIDAD AUTÉNTICA
### SESIÓN 2

    3. Vista en las Escrituras:

        • _____

C. 3ª Cara: _____

    1. Refleja: _____.

    2. Se caracteriza por:

        • _____

        • _____

        • _____

        • _____

        • _____

    3. Vista en las Escrituras:

        • _____

D. 4ª Cara: _____

    1. Refleja: _____.

    2. Se caracteriza por:

        • _____

        • _____

        • _____

        • _____

3. Vista en las Escrituras:

   - _____

   - _____


III. Algunas observaciones importantes sobre estas cuatro caras

   A. A menudo estas caras honorables de la masculinidad son sustituidas por _____.

                               REY

   AMANTE ————————————————|———————————————— AMIGO

                            GUERRERO

   B. A causa de la falta de virtud moral en nuestra cultura, muchos hombres de hoy carecen de un _____. Sin un _____, el _____ queda fuera de control. Sin el rey, el guerrero queda libre para hacer daño a los demás e, incluso, a sí mismo.

   C. Nuestra cultura, cada vez más feminizada, ha castrado al _____ de muchos jóvenes. El resultado ha sido la creación de lo que yo llamo el _____, _____ en su dirección y _____ en su liderazgo.

   D. ¡Nuestro mundo de hoy necesita desesperadamente la combinación equilibrada de las _____ _____ del hombre!

Preguntas Para el Grupo Pequeño

1.  ¿Con cuál de las cuatro caras de la masculinidad se siente más identificado? ¿Por qué?

2.  ¿Con cuál de las cuatro caras necesita más ayuda en la actualidad? ¿Por qué?

## EL PRIMER PASO A UNA MASCULINIDAD AUTÉNTICA: MIRANDO HACIA ATRÁS

I. Un Breve Resumen

II. Plan Personal de Masculinidad

III. Asuntos Personales

    A. TODO EL MUNDO tiene una historia

    B. Mi Historia

    C. Momentos Que Han Marcado Mi Vida

        1. Buenos momentos

        2. Momentos nobles

        3. Momentos perdidos

        4. Momentos dolorosos

        5. Momentos decisivos

    D. Salir de casa ... Cómo?

IV. Observaciones Mirando Hacia Atrás

　　A.　　Mi historia no es una _____. No estoy _____ como hombre.

　　B.　　Cuando un niño no consigue _____ con su padre, a menudo ese vacío lo llenan _____ de todo tipo.

　　C.　　Muchos hombres todavía tienen que enfrentarse a su _____ o zanjar los _____.

　　D.　　Hasta que un hombre no _____ y se enfrente a los _____ y al _____ que perdura, nunca será un hombre auténtico.

　　E.　　No se puede llegar a ser un hombre de verdad sin _____. No existe eso del hombre "_____."

　　F.　　Para bien o para mal, en gran parte somos el producto de la _____ que hayamos tenido.


Preguntas Para el Grupo Pequeño

1. ¿Qué elementos personales hecha en falta debido a la vida familiar que tuvo en su hogar?

2. ¿Qué elementos básicos faltaron en su hogar? ¿Qué cosas importantes de la vida en su hogar han marcado su vida, tanto positiva como negativamente?

3. Si pudiese cambiar una cosa de su educación, ¿qué cambiaría?

LA BÚSQUEDA DE UNA MASCULINIDAD AUTÉNTICA
SESIÓN 4

# EL SEGUNDO PASO A UNA MASCULINIDAD AUTÉNTICA: "DESEMPACAR"

I. Por qué es Tan Difícil para los Hombres

    A. Parte tiene que ver con la _____.

    B. Parte tiene que ver con la _____.

    C. Parte tiene que ver con _____.

II. La Auténtica Masculinidad Gira Alrededor de Tres Elementos Clave

    A. Afrontar los _____ del pasado.

        1. ¿A qué llamamos una herida?

            Una herida es... cualquier _____ que, al no darse por zanjado, afecta negativamente a la _____ y la _____ de la vida de un hombre.

        2. Desempacando el pasado: Cinco heridas con las que debe lidiar el hombre

            a. La Herida del _____.

            b. La Herida del _____ con la _____.

            c. La Herida de la _____ .

            d. La Herida de la Falta de _____ de la Masculinidad.

            e. La Herida del _____.

    B. Estableciendo una _____ clara y convincente.

    C. Creando un _____ funcional y de gran impacto para mi vida.

**Preguntas Para el Grupo Pequeño**

1. ¿Qué tipo de "maleta" lleva consigo? ¿Una pequeña? ¿mediana? ¿grande? ¿No lo sabe? Compártalo con su grupo.

2. ¿Con cuál de las cinco heridas que se han presentado esta mañana se ha sentido inmediatamente identificado? ¿Por qué?

# RECORDANDO AL PADRE

I. Introducción

|  | 1960 | 1970 | 1980 | 1990 |
|---|---|---|---|---|
| Porcentaje de hijos viviendo con padre biológico |  |  |  |  |
| Porcentaje de hijos viviendo separados de padre biológico |  |  |  |  |

Proverbios 17:6 . . . _____

II. La Herida del Padre Ausente

    A. Una Definición: Es un _____ emocional, social o espiritual que normalmente se encuentra en una _____ con el padre pero que debe ahora debe superarse _____.

    B. Tres palabras (o frases) referente a recordar al padre

    C. Resultados de La Herida del Padre Ausente:

        1. _____

        2. _____

        3. _____

        4. _____

LA BÚSQUEDA DE UNA MASCULINIDAD AUTÉNTICA
**SESIÓN 5**

III. Así que ¿qué es lo que los hijos quieren y necesitan?

    A. _____

    B. _____

    C. _____

    D. _____

    E. _____

Preguntas Para el Grupo Pequeño

1. ¿Cuáles son las tres palabras (o frases) con las que describiría el recuerdo de su padre?

2. ¿Con cuál de los cuatro resultados de la Herida del padre ausente, si es el caso, se identifica más? ¿Por qué?

3. Si pudiese pedirle una cosa a su padre y conseguirla, ¿qué sería? Explíquelo.

LA BÚSQUEDA DE UNA MASCULINIDAD AUTÉNTICA
**SESIÓN 6**

# CÓMO AFRONTAR LA HERIDA DEL PADRE

I. Resumamos Dónde Estamos

    A. Estamos en el proceso de intentar entender _____ somos _____ somos.

        1. Todos tenemos una _____ que contar.

        2. En cierta medida todos somos _____ del pasado.

        3. Todos estamos _____ por el pasado, hasta que, consciente y voluntariamente, decidimos romper ese _____..

    B. Estamos analizando la primera de cinco heridas importantísimas de la vida que _____ como personas.

    C. En la actualidad, esta herida se está produciendo en los hijos a _____.

II. Ocho remedios proactivos a la Herida del Padre

    A. Si son padres, asegúrense de que su(s) hijo(s) tiene(n) "_____".

| DEBE ASEGURARSE DE QUE ESCUCHE... | DEBE ASEGURARSE DE QUE TENGA... |
|---|---|
|  |  |

LA BÚSQUEDA DE UNA MASCULINIDAD AUTÉNTICA
**SESIÓN 6**

B. Si son padres nunca es demasiado tarde para "_____" con sus hijos, tengan la edad que tengan.

C. Si son padres solteros, o están separados de su(s) hijo(s) por un divorcio, o han heredado un hijo por segundas nupcias, busquen _____.

D. Si sufren la herida del padre, elijan ocuparse de la herida _____.

  1. Eligiendo _____ a su padre.

  2. Eligiendo dejar que la _____ se encargue de él.

E. Los hijos heridos por los padres han de _____ con sus padres _____.

  1. Puede que la separación entre sus padres y ustedes sea producto de las _____ _____ de sus padres. ¡No dejen que eso los detenga!

  2. Puede que la separación entre sus padres y ustedes sea producto de algún _____ _____. ¡Necesita eliminarlo de su vida!

F. Si usted es un hijo herido por su padre... arriésguese a solicitar _____.

G. Si usted es un hijo herido por su padre... arriésguese a pedir _____.

H. Si usted es un hijo herido por su padre pueden _____ la relación que no tuvieron como hijos siendo unos _____ para sus hijos.

Preguntas Para el Grupo Pequeño

1. ¿Ha liberado a su padre y asumido la responsabilidad de su propia vida? Si pudiese sentarse y "desnudar su alma" ante su padre, ¿qué le diría?

2. ¿Cuál de los ocho remedios para la herida del padre podría aplicar a su vida ahora? Explíquelo.

3. ¿Qué necesitan sus hijos de usted hoy mismo? Lo que está haciendo o dejando de hacer, ¿cree que puede producir, en el futuro, una herida en ellos?

LA BÚSQUEDA DE UNA MASCULINIDAD AUTÉNTICA
**SESIÓN 7**

# EL VÍNCULO EXCESIVO CON LA MADRE

I.  El factor "Madre"

II. Dos Separaciones de la Madre

   A.  De la unión _____.

   B.  De la unión _____.

   C.  Una relación sana con la Madre lleva a un hombre a…

   | DESDE → | HACIA → | HACIA → | HACIA |
   |---|---|---|---|
   | _____ con _____  LITERALMENTE | Una separación _____  SANA | Una separación _____  SANA | _____ con la _____  RELACIONALMENTE |

III. Explorando la Herida de la Madre

   A.  Una Definición:

   Una relación emocional _____ con la madre que provoca _____ _____ del hijo a las mujeres para el resto de su vida o hace que se _____ y se _____ a esa influencia.

   B.  Algunas Características Importantes:

   1.  No es una herida clara sino _____.

   2.  No es una herida de abuso, negligencia ni de absentismo. Es una herida disfrazada de _____.

   3.  No es por _____ sino de _____.

4. Esta herida se parece al _____ pero se siente como el _____.

5. Es tan poderosa que puede _____ la psique masculina.

IV. Cómo se desarrolla esta herida

   A. Suele empezar con un padre _____ o _____.

   B. También pueden provocarla uno de estos _____ :

      1. La madre _____

      2. La madre _____

      3. La madre que _____

      4. La madre que _____

V. Cómo se Manifiesta esta Herida en la Madurez: Dos Respuestas

   A. Los hombres se vuelven _____ y _____ con las mujeres.

   B. Los hombres se vuelven _____ y _____ con las mujeres.


Preguntas Para el Grupo Pequeño

1. ¿Qué es lo que más le ha impactado de esta sesión? Explíquelo.

2. Describa la relación con su madre a medida que crecía. ¿Cómo cambió al hacerse adulto?

3. ¿Diría que ha "roto", de manera efectiva, el lazo con su madre? ¿Ejerce su madre una influencia insana en su vida en la actualidad? ¿En su matrimonio? ¿Qué diría su esposa?

4. ¿Observa alguna conexión entre la forma en que se relaciona con su madre y la forma en que se ha relacionado con otras mujeres a lo largo de su vida? ¿Nota alguna conexión en la forma en que se relaciona con su esposa, si la tiene?

LA BÚSQUEDA DE UNA MASCULINIDAD AUTÉNTICA
SESIÓN 8

# UNA RUPTURA SALUDABLE CON LA MADRE

I. Un Breve Resumen

   A. Las "Piernas" de la Masculinidad

   B. Definición del Vínculo Excesivo con la Madre

   C. Las Dos Consecuencias Principales de esta Herida

   1. Los hijos pueden volverse demasiado _____ con las mujeres.

      • _____

      • _____

      • _____

   2. Los hijos pueden volverse demasiado _____ con las mujeres.

      • _____ (En casos extremos, _____
      _____ , etc.)

      • _____ (Miedo a ser _____
      _____ )

      • _____

   D. La Dificultad de esta Herida

II. Jesús y su Madre

   A. Claridad Relacional – Lucas 2:43-50

   B. Claridad Social – Juan 2:1-4

   C. Claridad Espiritual – Mateo 12:46-50

   D. Un Final Saludable – Juan 19:25-27

LA BÚSQUEDA DE UNA MASCULINIDAD AUTÉNTICA
**SESIÓN 8**

III. Siete Sugerencias para Sanar esta Herida

A. Empiece siempre comprendiendo que romper el vínculo el vínculo demasiado fuerte de su madre, es bueno tanto para usted _____.
La auténtica masculinidad _____ de otra forma.

B. Reconozca que su objetivo último es convertirse en un hombre cuya visión esté fijada en _____, no en _____.

C. Deje de quejarse o de pelear con su madre. Si tiene esta herida, busque _____, el valor y el apoyo que necesite de _____ y desarrolle _____ para conseguir una independencia saludable de su madre.
Ayude a que su respuesta evite _____ graves en esta separación.

   1. Este plan debería tratar _____ que le resulten problemáticos y _____.

   2. Este plan debería establecer _____ probados sobre su futura interacción con su madre.

   3. Las _____ deberían ser claras si se violan dichos límites.

D. Comunique ese _____ de una de las siguientes formas a su madre y manténgase firme independientemente su respuesta.

   1. A través de una nueva forma de _____.

   2. A través de un _____ (si es necesario).

E. Use los _____ para ser responsable a ellos para encontrar claridad, ánimo y responsabilidad mutua.

F. Si está casado, diga a su mujer que tiene a una madre demasiado envolvente en su vida. Dígale que reconoce el problema y que _____ se encargará de resolverlo. Pídale que le ayude y que ore, pero también dígale que _____ se entrometa. El problema es de usted... no de ella.

LA BÚSQUEDA DE UNA MASCULINIDAD AUTÉNTICA
SESIÓN 8

G. En algunos casos sus esfuerzos por establecer una relación apropiada con su madre dan lugar a una época de _____ o incluso que su madre _____. ¡No se hundan por ello!
Con el tiempo _____.

IV. La Necesidad Vital de hoy es la de que los Padres _____ a sus Hijos a _____ De la Dependencia de la Madre y busquen Convertirse en Hombres

A. Este llamado a alejarse ha de ser _____.

B. Este llamado tiene que ser _____ por el hijo, el padre y la madre para que resulte efectivo.

C. Este llamado requiere una _____.

V. CONCLUSIÓN

A. Las "_____" de la masculinidad (tanto si son fuertes como débiles) sobre las que un hombre se levanta se crean en casa.

B. ¡Póngase a trabajar en su Plan de Masculinidad _____!

1. ¿Cómo tratará la Herida del Padre Ausente?

2. ¿Cómo tratará la Herdida del Vínculo Excesivo con la Madre?

Preguntas Para el Grupo Pequeño

1. ¿De qué manera le ha ayudado esta sesión? ¿Qué nuevas perspectivas ha ganado con esta sesión?

2. ¿Se siente afectado por la Herida de la madre? ¿Qué pasos sugeridos en esta sesión emplearía para empezar a afrontar esta herida?

3. ¿De qué manera le podrían ayudar otros hombres?

4. ¿Cómo podría ayudar a su hijo (adolescente o más mayor) para que empezase a romper, de una forma sana, el lazo con su madre?

LA BÚSQUEDA DE UNA MASCULINIDAD AUTÉNTICA

## LA HERIDA DE LA SOLEDAD

I. Tres Relaciones Significativas que Bendicen y Alientan la Vida de un Hombre

　　A. El _____

　　B. El _____

　　C. El _____

II. La Definición de la Herida de "La Soledad"

Se trata de una _____ social, emocional y espiritual provocada por la ausencia de una _____ sana, lo cual provoca…

• _____ y _____

• _____ y _____

• Una masculinidad _____

III. La Clave: Todo hombre necesita la compañía de otros _____

　　A. El Hombre sin Amigos

　　B. Profundo Aislamiento

　　　　1. Una _____ de la vida
　　　　2. Una vida _____
　　　　3. Una _____ de motivación por las cosas nobles de la vida
　　　　4. _____ la oportunidad de ser transparente

　　C. Qué nos dicen las escrituras

　　　　• Proverbios 27:17
　　　　• Proverbios 18:24
　　　　• Eclesiastés 4:9-10
　　　　• Proverbios 17:17
　　　　• Hebreos 10:24
　　　　• 1 Samuel 20:17

LA BÚSQUEDA DE UNA MASCULINIDAD AUTÉNTICA
SESIÓN 9

D. Qué puede hacer usted

1. Aprender las _____ de la amistad

    • _____

    • _____

    • _____

2. _____ a otros hombres

3. _____ a los hombres que les agradan para _____

    para "_____."

4. Mostrarse _____ y mostrar su _____.

5. _____ juntos de la vida.

Preguntas Para el Grupo Pequeño

1. ¿Qué es lo que más le ha impactado de esta sesión? Explíquelo.

2. ¿Cuál es el mayor obstáculo, en la actualidad, para poder establecer amistades fuertes con otros hombres?

3. ¿Qué pasos podría dar para desarrollar una verdadera amistad? Explíquelo. ¡Incluya estos pasos en su Plan de Masculinidad!

LA BÚSQUEDA DE UNA MASCULINIDAD AUTÉNTICA
SESIÓN 10

# TRES HURRAS POR LOS MENTORES

I.  El Increíble y Alentador Impacto de un Hombre "Mayor"

   A.  La Visión de las Palabras

   B.  Acoplándose a una Vida


II. Explorando el Rico Concepto del "Mentorado"

   A.  ¿Padre para quién?

      1. El padre sólo puede hacer que el hijo avance _____.

      2. Los mentores son _____.

   B.  Cinco Observaciones sobre los Mentores

      1. El mentor te _____, no _____ contigo.

      2. Ante todo es un _____, no un _____.

      3. Es el que intenta _____ el desarrollo de tus dotes
         a la vez que intenta _____ que cometas errores costosos.

      4. Es el que te _____ y _____ contigo
         porque _____ _____ tu valor y todo tu potencial oculto.

      5. No tiene por qué ser un _____ íntimo, sino un fiel _____.

   C.  ¿Es diferente el mentorado al discipulado?

   D.  Lo que Puede Aportar un Mentor

      1. _____ adquirida con la experiencia

      2. _____

      3. _____ en ti

      4. _____ tus logros

      5. En algunos casos . . . todo un _____

LA BÚSQUEDA DE UNA MASCULINIDAD AUTÉNTICA
**SESIÓN 10**

III. La Biblia está Llena de Mentores y Mentorados

   A. Algunos Ejemplos

   B. Algunos Fragmentos de Muestra


IV. Diez Características de un Buen Mentor (del libro del Dr. Howard Hendricks, As Iron Sharpens Iron, Moody Press, 1995)

   A. Es un hombre que _____ lo que necesitas _____ .

   B. _____ por mantener una _____ contigo.

   C. Está dispuesto a _____ contigo.

   D. Es _____ por otros hombres.

   E. Dispone de una red de _____.

   F. Los demás le _____.

   G. _____ tanto como _____.

   H. Lleva una vida _____.

   I. Es capaz de _____ tus _____.

   J. Se preocupa por tus _____.

V. Los Efectos del Mentorado

   A. Para el Mentor

      1. Cierra un _____ en la vida del hombre.

      2. Conecta a los hombres mayores con los jóvenes en una relación _____.

      3. Permite a un hombre mayor enseñar _____ desde _____ , porque es lo que los jóvenes quieren y necesitan desesperadamente.

4. Supone especialmente tener un _____ en la segunda mitad de la vida.

5. Brinda una muy necesaria _____ a los hombres mayores.

B. Para el Protegido

1. _____

2. _____

3. Una _____ personal más amplia de la vida.

4. _____

VI. Qué hacer si...

A. Desea ser un Mentor deberá:

1. Hacer una lista con sus _____ y _____ que creen que pueden ser útiles para un hombre más joven. Esto es lo más importante.

2. Calcular de cuánto _____ disponen.

3. Orar y elegir al _____ con el que quiere estar.

4. Si "_____," tendrán que pasar tiempo juntos de forma regular hasta que el protegido consiga lo que _____ y luego dejarlo ir.

B. Si lo necesita, pero no tiene un Mentor, debe:

1. _____ para pedir sabiduría y orientación.

2. Tener confianza y _____.

3. No _____ ante una _____.

4. Reunir un _____ de jóvenes que quiera pasar tiempo con él y pregúntenle de nuevo.

Preguntas Para el Grupo Pequeño

1. ¿Quiénes han sido sus mentores? Explíquelo. ¿De qué manera marcaron esos mentores una "diferencia"?

2. ¿Se ve, hoy en día, como un mentor? ¿Por qué o por qué no?

3. ¿Cuenta a su alrededor con hombres que le gustaría que fuesen sus mentores de alguna manera? ¿Qué le impide pedirles que inviertan su tiempo en usted?

4. ¿Puede ver el poder de influencia que puede tener un hombre sobre otros más jóvenes? Explíquelo.

# LA HERIDA DEL CORAZÓN

I. Heridas de Crecimiento frente a Heridas de Naturaleza

II. Medias Verdades

   A. Perdemos porque tenemos _____ .

   B. Perdemos porque la _____ siempre _____ .

   C. Perdemos porque _____ .

   D. Perdemos porque nuestros _____ son _____ .

III. La Verdad Oculta Tras Todos los Problemas de la Vida

   A. Todos estamos _____ con una condición llamada la _____ _____.

      1. Jeremías 17:9

      2. Eclesiastés 9:3b

   B. Definición de esta herida: Somos criaturas _____ y _____, _____ por naturaleza al Creador y a los demás.

C. Depravación significa que...

   1. Estoy _____ de Dios y sometido a Su _____ .

   2. He heredado una naturaleza _____ que ninguna mano humana puede _____ .

   3. Mi naturaleza _____ , sin una guía, inevitablemente _____ mi vida con el pecado.

IV. Dos Implicaciones de este Fallo Fundamental

   A. La _____ requiere una _____ _____ que sólo Dios puede darnos.

   B. _____ que tengo _____ es el primer y esencial paso para establecer una relación real y auténtica con Dios (¡y no estamos hablando de religión!).

Preguntas Para el Grupo Pequeño

1. ¿Cree que es cierto el mensaje acerca de la naturaleza caída del género humano?

2. ¿Cómo se ha manifestado esta herida en su vida?

3. ¿Qué es lo más impactante que ha escuchado hoy? Explíquelo.

# IMPLICACIONES DE LA HERIDA DEL CORAZÓN

I. Un Segundo Vistazo a Esta Herida

   A. Una Confesión Honesta

   B. La Definición de la Herida del Corazón:

   Todos nosotros somos criaturas _____ y _____,

   _____ al Creador y a los demás.

   Efesios 2:3

   Romanos 3:10-12

II. El Dolor que Provoca esta Herida

   A. _____ de Dios.

   Efesios 2:12

   B. Estamos _____ a una vida inútil.

   Eclesiastés 1:14

   C. Somos _____ de nuestra naturaleza corrupta.

   Job 5:7

   D. Sentimos _____ por el mal.

   Gálatas 5:19-21a

LA BÚSQUEDA DE UNA MASCULINIDAD AUTÉNTICA
**SESIÓN 12**

III. Comunidades con esta Herida

   A. En el Antiguo Testamento

   Oseas 4:1-4a, 9:9a

   B  En el Nuevo Testamento

   Romanos 1:28-32

   C.  En la Actualidad


IV. Las Implicaciones de esta Herida del Corazón llamada "Depravación"

   A.  Generales:

   1. Depravación significa que todos tenemos una _____ por naturaleza.

   2. Depravación significa que la mayoría de mis problemas rales están "_____,"
      no "_____."

   Génesis 3:9-13

   3. La depravación no puede erradicarse mediante la _____, un mejor
      _____, el _____ de uno mismo, o la _____
      _____ . Alguien nos tiene que salvar de nuestra depravación.

   Juan 3:7

   4. La depravación puede ocultarse tras un sinnúmero de sofisticadas _____:

   La máscara de la _____

   La máscara de la _____

   La máscara del que sigue las _____

   La máscara del _____

   Mateo 23:25, 27

LA BÚSQUEDA DE UNA MASCULINIDAD AUTÉNTICA
SESIÓN 12

5. Depravación significa que no podemos _____ en nosotros mismos.

   Proverbios 14:12

6. _____ la depravación es el primer paso para alcanzar una verdadera relación con Dios.

   Mateo 5:3

7. El progreso hacia una masculinidad auténtica irá en paralelo con la _____ que vaya adquiriendo de la magnitud de mi depravación.

   1 Timoteo 1:15

B. Específicas para los hombres:

   1. Depravación significa tener una tendencia natural a evitar las responsabilidades _____.

   2. Depravación significa que los hombres tienen la tendencia a _____ a mujeres y niños.

      Génesis 3:16

      Efesios 6:4

   3. Depravación significa que los hombres tienden a perderse en sus _____ y _____ _____ personales, ignorando los _____ para sus vidas.

      Eclesiastés 2:4-11

Preguntas Para el Grupo Pequeño

1. ¿Con cuál de las 7 consecuencias o implicaciones generales de la depravación se identifica más? Explíquelo.

2. ¿Con cuál de las 3 implicaciones específicamente masculinas de la depravación se identifica más?

3. La forma de verse a usted mismo ¿A cambiado tras las últimas dos sesiones acerca de la herida de la depravación? ¿Y su forma de ver la vida? Explíquelo.

# LA SOLUCIÓN DE LA HERIDA DEL CORAZÓN

I. Dos Recordatorios Importantes

   A. Ésta es la última sesión de la primera parte de la Fraternidad de Hombres. Damos la bienvenida a aquellos HOMBRES que no estuvieron con nosotros en la primera mitad y que se unen ahora a nosotros. Así que inviten a sus amigos. Padres, también pueden traer a sus hijos adolescentes a la segunda mitad. Les recomendamos que vengan a partir de los 16 ó 17 años, para que puedan apreciar la información que recibirán.

   B. **¡Complete la primera parte de su Plan de Masculinidad!** Para que la Fraternidad de Hombres sea una experiencia determinante en sus vidas, es OBLIGATORIO que completen la sección "Mirando Hacia Atrás" en la que se habla de "desempacar" las heridas de su vida. Les sugiero que dediquen MEDIO DÍA a esta tarea y que comiencen a completar su plan lo antes posible. Hemos observado que aquellos hombres que realizan su plan dan grandes pasos hacia su auténtica masculinidad y se convierten en mejores hombres.

II. Dos Perspectivas

   A. Desde la Izquierda... Mi Historia

      1. No _____, pero sabía que estaba _____.

      2. No tenía _____, pero la que tenía la puse en _____.

      3. No _____ exteriormente, pero algo realmente profundo _____ en mi interior.

B. Desde la Derecha... La Historia Original de San Nick

¹Había un hombre entre los fariseos, llamado Nicodemo, prominente entre los Judíos. ²Éste vino a Jesús de noche y le dijo: Rabí, sabemos que has venido de Dios como maestro, porque nadie puede hacer las señales que tú haces si Dios no está con él." ³Respondió Jesús y le dijo: En verdad, en verdad te digo que el que no nace de nuevo no puede ver el reino de Dios." ⁴Nicodemo le dijo: ¿Cómo puede un hombre nacer siendo ya viejo? ¿Acaso puede entrar por segunda vez en el vientre de su madre y nacer?"   —Juan 3:1-4

⁵Respondió Jesús y le dijo: En verdad, en verdad te digo que el que no nace de agua y del Espíritu no puede entrar en el reino de Dios. ⁶Lo que es nacido de la carne, carne es, y lo que es nacido del espíritu, espíritu es. ⁷No te asombres de que te haya dicho: "Os es necesario nacer de nuevo." ⁸El viento sopla donde quiere, y oyes su sonido, pero no sabes de dónde viene ni adónde va; así es todo aquel que es nacido del Espíritu." ⁹Nicodemo le contestó: "¿Cómo puede ser esto?"   ¹⁰Y Jesús le respondió: "Tú eres maestro de Israel, ¿y no entiendes estas cosas?"   —Juan 3:5-10

1. "Nacido del espíritu" (vs. 5, 8): Un renacimiento _____

2. "Debe" (vs. 7):  Un renacimiento _____

3. "Os" (vs. 7):  Un renacimiento _____

Preguntas Para el Grupo Pequeño

1. ¿En qué punto de su peregrinaje espiritual se encuentra?  Explíquelo.

2. ¿Cree que ha nacido de nuevo? ¿Cuándo?

3. Si fuese a morir esta noche, ¿confía en que iría al cielo?  ¿Por qué o por qué no?

LA BÚSQUEDA DE UNA MASCULINIDAD AUTÉNTICA
**SESIÓN 14**

# PREPÁRENSE PARA LA SEGUNDA PARTE

I. Bienvenidos Otra vez... y Para los Recién Llegados... ¡Bienvenidos!

    A. La primera mitad de la Fraternidad de Hombres se centró en la visión interior.

    B. La segunda mitad de la Fraternidad de Hombres se centra en la _____, en mirar hacia adelante.

    C. Seguiremos trabajando en nuestro Plan de Masculinidad.


II. Una Revisión de Nuestras Presuposiciones y Promesas Originales

    A. Presuposiciones

        1. La masculinidad se encuentra en un estado de _____.

        2. Los hombres _____ provocan graves _____.

        3. Los hombres _____ se conforman con menos.

        4. Actualmente no hay una _____ digna de la masculinidad que los hombres encuentren convincente.

        5. La _____ tiene ideas y respuestas para todo lo anterior.

    B. Promesas

        1. Dispondrán de una _____ clara de la masculinidad.

        2. _____ cosas importantes sobre ustedes mismos.

        3. Harán nuevos _____.

        4. Aprenderán un nuevo _____ sobre la masculinidad.

        5. Dispondrán de un _____ personal para alcanzar la auténtica masculinidad.

LA BÚSQUEDA DE UNA MASCULINIDAD AUTÉNTICA
**SESIÓN 14**

III. Desempaquemos las heridas...

   A. Pasamos el primer semestre de la Fraternidad de Hombres _____ la herida de la masculinidad:

   1. La Herida del _____

   2. La Herida del _____

   3. La Herida de la _____

   4. La Herida del _____

|  | |
|---|---|
| FASE 1 | Todo hombre empieza su vida sin _____. Su naturaleza es _____ y _____. |
| FASE 2 | EN SU INFANCIA... Todo hombre padece una _____ (pequeña o grande) mientras crece. |
| FASE 3 | DE JÓVENES... Construimos nuestra masculinidad partiendo de esos paradigmas _____ y _____. A menudo, _____ las heridas como energía para seguir, excusando nuestras conductas excesivas o malvadas. |
| FASE 4 | COMO HOMBRES... Nos vemos _____ por esas fuerzas que no entendemos ni queremos examinar. _____ a las circunstancias por nuestros problemas y fracasos. Esto genera una vida de _____ para nosotros y para quienes nos rodean. |
| FASE 5 | Los hombres adinerados, a menudo, intentan _____ la huida de este dolor. Otros hombres intentan _____ de su dolor consumiendo drogas, alcohol, pornografía, televisión, manteniendo aventuras sexuales o dedicando más tiempo al deporte, etc. Pero ambos grupos se niegan a admitir la verdad sobre sí mismos. |
| FASE 6 | CON EL TIEMPO... ESA MASCULINIDAD EGOCÉNTRICA Y HERIDA _____. A MEDIDA QUE ENVEJECEMOS, LA VIDA SE EMPEQUEÑECE (YO), SE VACÍA, SE VUELVE MUNDANA, AMARGA, INDIFERENTE. |

B. Todo hombre puede elegir entre dos formas de vivir con estas heridas (Resumen A):
   1. Puede _____ en sus heridas:
   2. Puede _____ de sus heridas:

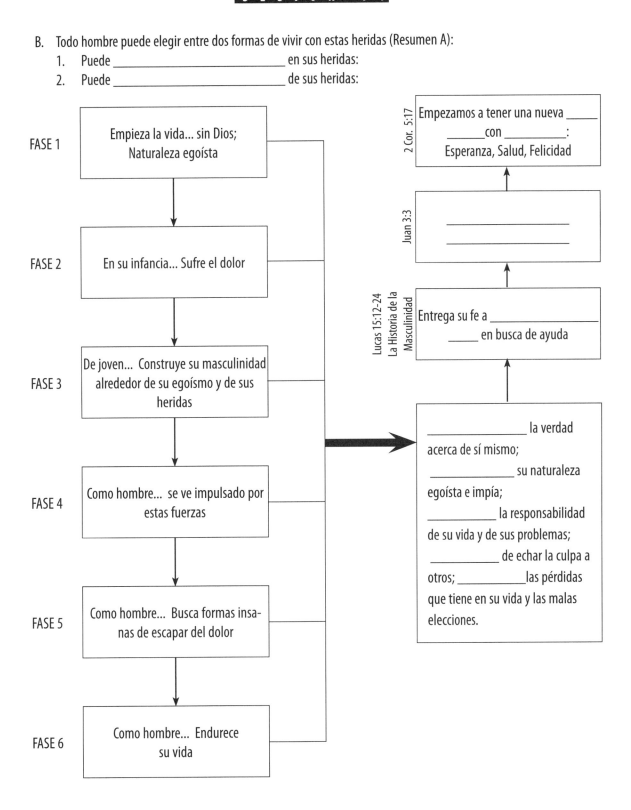

IV. Conclusión

Preguntas Para el Grupo Pequeño

1. ¿Ha desarrollado un "plan" para afrontar las heridas de su pasado de forma que pueda deshacerse de ellas? ¿Ha escrito esta estrategia en su Plan de masculinidad?

2. ¿Qué es lo que más le ha impactado de todo lo que ha escuchado hoy? ¿Por qué? Explíquelo.

3. ¿Cuál es su mayor lucha como hombre? ¿Cómo espera que esta segunda mitad de la Fraternidad de hombres™ pueda ayudarle en este campo?

# GÉNESIS Y LA MASCULINIDAD, 1ª PARTE

I. El "Mito" del Génesis

   A. Mito no tiene que ser necesariamente sinónimo de _____.

   B. Un mito real explica y valora nuestra _____.

   C. El "mito" del Génesis explica y mide la _____, tanto en sus _____ originales como en su _____ actual.

   D. El Génesis describe nuestras _____ ancestrales.

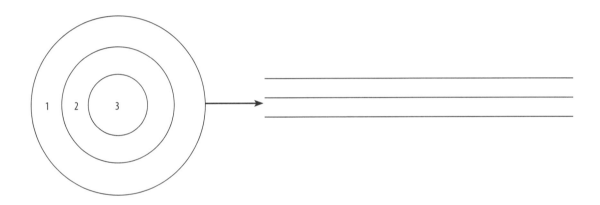

II. Qué dice Génesis 1 acerca de la Masculinidad

   A. Habla sobre los _____ masculinos y femeninos. (Gén. 1:26, 27)

      1. Imagen

      2. Varón y Hembra / igualmente dotados y valorados

      3. Únicos y especiales

   B. Habla sobre la _____ del varón y la hembra. (Gén. 1:28)

      1. "Sed fecundos / multiplicaos / llenad la tierra"

      2. "Sojuzgad la tierra"

      3. "Ejerced dominio sobre la tierra"

C. "Insinúa" una _____ social muy importante. (Gén. 1:26-27; 5:2)

III. Qué dice Génesis 2 acerca de la Masculinidad

   A. Observen ... Adán fue creado _____. (Gén. 2:7)

   B. Observen ... Se da a Adán una _____ y una _____ antes de la creación de Eva. (Gén. 2:15)

   C. Observen ... Dios da la orden a Adán de _____ con _____. (Gén. 2:16-17)

   D. Observen ... Adán da _____ a los animales, muestra de su liderazgo sobre la _____. (Gén. 2:19)

   E. Observen ... A Adán se le otorga un "_____," un título que supone una prueba más de la identidad social original que Dios otorga al hombre y a la mujer. (Gén. 2:18)

Preguntas Para el Grupo Pequeño

1. ¿Qué es lo que más le ha impactado hoy?

2. ¿De qué manera ha ampliado esta sesión su comprensión de Génesis? ¿Y de la masculinidad? Sea específico.

3. ¿De qué manera se podría utilizar esta información acerca de Génesis para empezar a elaborar una definición de masculinidad? Explíquelo.

LA BÚSQUEDA DE UNA MASCULINIDAD AUTÉNTICA
**SESIÓN 16**

# GÉNESIS Y LA MASCULINIDAD, 2ª PARTE

I.  Un Breve Resumen
    La _____ masculina es un _____ moral personal, _____ una enseñanza de la Biblia.

II. Qué dice Génesis 2 acerca de la Masculinidad (Continuación de la semana anterior)

   A. Observen... Adán _____ nombra a su ayudante. (Gén. 2:23)

   B. Observen... Es al hombre al que le dicen que parta y _____ un hogar. (Gén. 2:24)

III. Qué dice el Génesis 3 acerca de la Masculinidad

   A. Observen... La tentación pretende _____ e _____ el orden social y espiritual original de Dios. (Gén. 3:1-6)

   B. Observen... Dios hace responsable a _____, no a la _____, de este primer pecado. (Gén. 3:8-9)

   C. Observen... El pecado de Adán va ligado a una _____ inaceptable. (Gén. 3:11-12)

   D. Observen... La maldición de Adán se vasa en la _____ del orden original creado por Dios. (Gén. 3:17) (La maldición de Eva se basa en su usurpación del orden de Dios.)

   E. Observen... El pecado de Adán desata la maldición destructiva de la _____ del varón. (Gén. 3:16b)

   F. Observen... Adán muere. (Gén. 2:16-17) Este juicio de _____ se extiende a todos los que vinieron después de Adán. (Rom. 5:19) Él, y no Eva, _____ de la caída de toda la raza humana. Nuestra naturaleza depravada se debe al pecado de Adán.

   G. Observen... Adán _____ a su esposa, como continuación de su _____ liderazgo tras la caída. (Gén. 3:20)

Preguntas Para el Grupo Pequeño

1. ¿Cómo le hace sentir la historia de Génesis como hombre?

2. ¿Siente que las verdades de Génesis le han hecho sentirse con más responsabilidades de las que creía tener?

3. ¿Qué ejemplo del pecado de la pasividad de Adán en su propia vida puede dar? Explíquelo.

# UNA DEFINICIÓN BÍBLICA DE LA MASCULINIDAD 1ª PARTE

I. Pensamientos finales extraídos de Génesis

   A. Recordatorios Clave

      1. Dios creó al hombre para ser _____ y _____.

         • Si los hombres abandonan su liderazgo o les es arrebatada la oportunidad de alcanzarlo... _____.

         • Visto en las Escrituras... Isaías 3:1-12

         • Visto hoy en día...

            _____

            _____

            _____

            _____

      2. El liderazgo masculino que vimos en el Génesis no es _____, sino _____.

         • Voluntad de _____

         • Hay un trabajo por _____

         • Una mujer para _____ y _____

   B. Objeciones clave

      1. El liderazgo masculino es _____, no _____.

      2. El liderazgo masculino no es el resultado del diseño original de Dios, sino de _____. (Gál. 3:28)

II. Dos Hombres/Dos Identidades Masculinas

   A. Adán y Cristo (1 Corintios 15:45-49)

   Adán y Cristo son dos figuras opuestas que introducen dos mundos y dos creaciones diferentes, lo antiguo y lo nuevo… Y ende sus acciones y su destinos se hallan las decisiones de todos sus descendientes, porque todos los hombres se resumen en ellos dos.   —Teólogo Hermann Ridderbos

   B. Son los líderes de dos destinos _____ diferentes para toda la humanidad.   (Romanos 5:17-19)

   C. También son los líderes de dos _____ masculinos diferentes.

      1. El primer Adán representa una masculinidad…

         • Asentada de _____ natural

         • Se basa en el _____ personal y en la _____ humana, no en la _____ .

         • Succiona vida de _____

         • Sin un sentido _____

         • Un "alma viviente" …_____

      2. El segundo Adán representa una masculinidad…

         • Vivida _____ el cielo

         • Que cede ante la _____ … no el instinto personal, la razón humana o la reacción

         • Que fortalece _____

         • Llena de un sentido _____

         • "Un _____ vivificante"

LA BÚSQUEDA DE UNA MASCULINIDAD AUTÉNTICA
SESIÓN 17

D. Cómo se desarrollan en la práctica estas dos identidades masculinas

| La masculinidad de Adán es una _____ y se centra en: | La masculinidad de Jesús es una _____ y se centra en: |
|---|---|
| 1. Lo que un hombre _____ | 1. Lo que un hombre _____ |
| 2. _____ con otros hombres | 2. _____ con otros hombres |
| 3. Poder _____ | 3. Propósito _____ |
| 4. Recompensas _____ | 4. Recompensas _____ |
| 5. _____ | 5. _____ |
| 6. _____ | 6. _____ |

III. Cuatro Diferencias Principales entre Adán y Cristo

   A. El primer Adán adopta una actitud _____; el segundo Adán (Cristo) _____.

   1. Génesis 3:6

   2. Filipenses 2:6-8

   B. Los hombres de verdad... _____.

Preguntas Para el Grupo Pequeño

1. ¿Qué es lo más importante que ha escuchado hoy? Explíquelo.

2. ¿De qué manera le ayuda a ver con mayor claridad su masculinidad esta discusión acerca del primer y segundo Adán? Explíquelo.

# UNA DEFINICIÓN BÍBLICA DE LA MASCULINIDAD 2ª PARTE

I.  Un Breve Resumen

    A. Ejemplos de Planes de Masculinidad

    B. Cuestionario de Liderazgo


II. Las Cuatro Diferencias Principales entre Adán y Cristo

    A. El primer Adán cayó en la _____; el segundo Adán _____.

    B. El primer Adán desatendió sus responsabilidades, mientras que el segundo Adán _____ _____.

        1. Aceptó su responsabilidad:

            - De una _____ que obedecer

            - De un _____ que realizar

            - De una _____ que amar

        2. ¿Qué causa que un hombre acepte su responsabilidad social y espiritual?

            - Cuando desde edad temprana se tiene claro que la principal responsabilidad del bienestar social y espiritual de los demás (su mujer e hijos), recae _____.

            - Cuando los hombres de su vida le hayan enseñado desde una edad temprana a _____ y _____ estas responsabilidades.

            - Cuando sea _____, especialmente por otros hombres, por aceptar estas _____.

            - Cuando experimente una transformación espiritual de su corazón y el _____ de cumplir con las responsabilidades para _____ a Dios.

    C. El primer Adán dabandonó su puesto de líder y el 2º Adán decidió _____.

LA BÚSQUEDA DE UNA MASCULINIDAD AUTÉNTICA
**SESIÓN 18**

1. Los hombres fueron creados para _____, pero se necesita _____.
2. Jesús lideró donde Adán no lo hizo:

    - Estableció una _____

    - Dio _____

    - Dejó un _____

3. Para ser un líder valiente, todo hombre debe superar el mayor de los obstáculos: sus _____

D. El primer Adán buscó una recompensa mayor. El segundo Adán _____
_____, _____

1. Ejemplos de vivencias del segundo Adán:

    - Hebreos 12:1, 2 (Jesús)
    - Salmos 27:13 (David)
    - Hebreos 11:24-26 (Moisés)
    - 2 Timoteo 4:7-8 (Pablo)

2. Exhortaciones de vivencias del segundo Adán:

    - 1 Timoteo 4:8
    - Hebreos 11:6

III. Así que ¿Cómo es un hombre de verdad según el molde bíblico?

Un hombre de verdad...

- Rechaza la _____

- Acepta la _____

- Lidera de forma _____

- Espera una _____ mejor, la _____

Preguntas Para el Grupo Pequeño
1. Revisen juntos sus Cuestionarios de liderazgo.

2. Comente sobre sus reacciones ante la definición de masculinidad que se ha ofrecido en la sesión de hoy ¿Podría adoptarla para su vida? ¿Por qué?

# CUESTIONARIO DE LIDERAZGO PARA USTED A LA LUZ DE LO HABLADO SOBRE ADÁN Y CRISTO

Su liderazgo en general

1. ¿Cómo valoraría su liderazgo usando la siguiente escala?

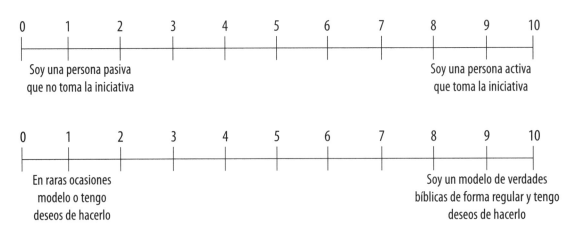

Su estilo de liderazgo en casa y con otros

2. ¿Cómo valoraría hasta qué punto toma responsabilidad por su vida (y por su familia si la tiene) en las siguientes áreas?

    a. El manejo del dinero

    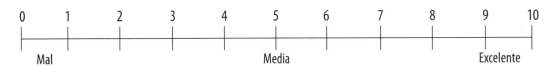

    b. ¿Al proveer materialmente por sus necesidades, las de su esposa y las de sus hijos?

    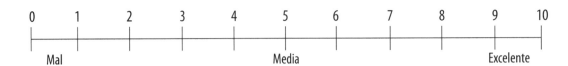

Su estilo de liderazgo en casa y con otros. (Continuación)

c. Al proveer emocionalmente por sus necesidades, las de su esposa y las de sus hijos (pasando tiempo juntos, hablando palabras alentadoras, afirmando, abrazos, besos, romanticismo, etc.)

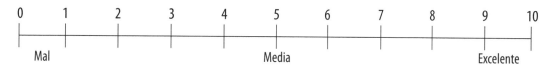

d. Proveyendo dirección y visión espiritual en su hogar

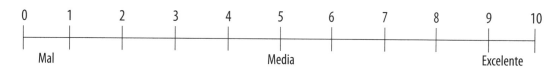

e. Siendo modelo de valores bíblicos (fe, pureza, estudio bíblico, oración, autocontrol, convicciones morales, etc.)

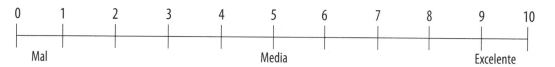

f. Honrando y estimando a su esposa, asegurándole con los hecho que ella tiene el mismo valor que usted en su matrimonio

g. Marcando estandares bíblicos (lo que mira en la tv, deudas, ofrendas, servicio a su iglesia y comunidad, uso del alcohol, asistencia a la iglesia, posición contra la pornografía, asuntos sociales varios, etc.)

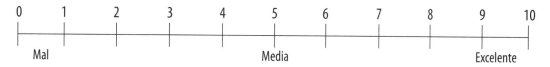

h. Protegiendo el futuro de su esposa e hijos (a través de seguros, un plan de ahorros, un testamento actualizado, guardianes legales, etc.)

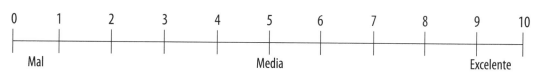

# EL HOMBRE Y SU ESPOSA 1ª PARTE

I. Un versículo clave para los maridos... o futuros maridos: 1 Pedro 3:7

   A. "... de manera comprensiva" = _____

   B. "... dándole honor" = _____

   C. "...coheredera de la gracia de la vida = _____

II. Tres modelos de matrimonio

   A. Matrimonio _____ jerárquico
   Lucas 22:25-26
   - Posición del marido: _____
   - Estilo de liderazgo: _____
   - Objetivo en su mente: _____
   - Efecto en el matrimonio: _____
   _____

   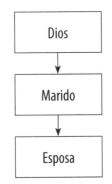

   B. Matrimonio _____ al 50%
   Gálatas 3:28
   - Posición del marido: _____
   - Estilo de liderazgo: _____
   - Objetivo en su mente: _____
   - Efecto en el matrimonio: _____
   _____

   C. Matrimonio _____ uno junto al otro
   Efesios 5:23, 25, 31
   - Posición del marido: _____
   - Estilo de liderazgo: _____
   - Objetivo en su mente: _____
   - Efecto en el matrimonio: _____
   _____

   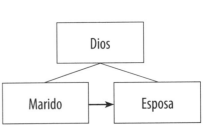

LA BÚSQUEDA DE UNA MASCULINIDAD AUTÉNTICA
**SESIÓN 19**

III. Una aproximación al modelo bíblico

　A. La Biblia habla de núcleos:

　　Definición de "NUCLEO" = Componente _____ pero _____ en el matrimonio, que no debe ponerse en peligro, descuidarse o ignorarse si se quiere que el matrimonio tenga _____ .

　B. 3 núcleos de todo matrimonio:

　　1. _____ Centrales

　　2. _____ Centrales

　　3. _____ Centrales

　C. Simple mención en cuanto a los roles centrales

　　1. El marido como _____ (Lucas 22:25-27)

　　　Cabeza = _____

　　2. La esposa como _____ (Tito 2:4-5)

　　　Ayudante = _____

Preguntas Para el Grupo Pequeño

1. ¿Cuál de los tres tipos de matrimonio persigue usted con su esposa? ¿Qué diria su esposa?
2. ¿Qué nuevas perspectivas ha ganado en esta sesión?
3. ¿Cómo podría hacer que su esposa (o novia) se sienta mas valorada y respetada esta semana? Explíquelo. Piense en algo y ¡hágalo!

# EL HOMBRE Y SU ESPOSA 2ª PARTE

I. Un Breve Resumen

   A. Nuestro versículo clave: 1 Pedro 3:7

   B. Nuestros tres modelos de matrimonio

      1. Matrimonio _____ Jerárquico

      2. Matrimonio _____ al 50%

      3. Matrimonio _____ Uno Junto al Otro

II. Asuntos centrales del modelo biblico de matrimonio

   A. Roles Centrales ... que _____ al hombre y a la mujer en el matrimonio

      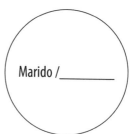

   Esposa / _____        Marido / _____

   B. Respuestas centrales... que _____ el rol del compañero

   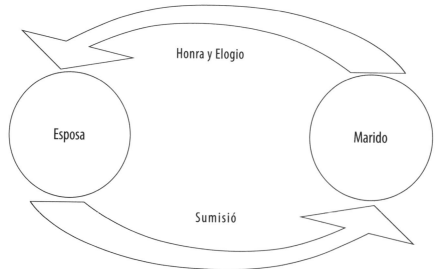

C. Preocupaciones centrales... relacionadas con las _____ más profundas del otro

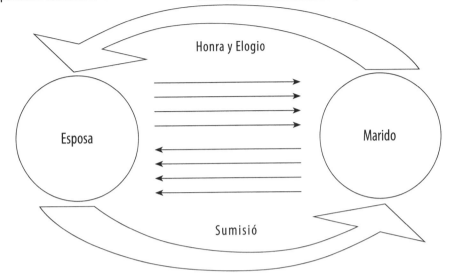

III. Explicación de las preocupaciones centrales de la mujer (Cómo puede un marido hablar en "Mujer")

IV. ¿Porqué necesitamos enseñar y proclamar el modelo bíblico de matrimonio de Uno junto al otro?

A. _____ al hombre y a la mujer en el centro de lo que mejor saben hacer.

B. _____ al hombre y a la mujer para complementarse, más que para competir entre ellos.

C. _____ el _____ ambiente para el desarrollo sano de los niños.

D. Es el _____ que debemos enseñar desde pequeños a nuestros hijos.

E. _____ la Palabra de Dios y cuenta con Su _____.

F. Hace _____ y _____ a la sociedad como un todo.

Preguntas Para el Grupo Pequeño

1. ¿Qué es lo más importante que ha escuchado hoy? Explíquelo.

2. ¿Cómo se valoraría a la hora de suplir las necesidades centrales de su esposa (siendo "1" "mal" y "10" siendo "estupendo")?

    - Compañía …            Puntuación _____        Explíquelo.
    - Seguridad …           Puntuación _____        Explíquelo.
    - Sentirse importante … Puntuación _____        Explíquelo.
    - Receptividad emocional … Puntuación _____     Explíquelo.

3. ¿QUÉ podría hacer para MEJORAR esta semana? Compártalo.

# 25 FORMAS DE SER UN LÍDER SERVIDOR

I. Su Plan de Masculinidad ( ... ¡El tiempo vuela!)

II. La esencia del Matrimonio ( ... un breve resumen)

   A. Dos _____ con diferentes _____.

   • Un rol _____ de _____ y _____
   
   • Un rol _____ con _____ y _____

   B. Rocking the Roles (NavPress)

   C. Cabeza = _____

III. 25 Formas de Ser un Líder Servidor

   1. Un líder servidor _____ con su mujer para formular un futuro.

   2. Un líder servidor acepta la _____ de su familia

   3. A un líder servidor no le importa decirle a su familia _____ y _____.

   4. Un líder servidor realiza las tareas _____ junto a su mujer y se asegura de que estén repartidas _____.

   5. Un líder servidor consulta a su mujer sobre todos los asuntos _____.

   6. Un líder servidor _____ las promesas hechas a su mujer.

7. Un líder servidor se anticipa a las diferentes _____ de su matrimonio.

8. Un líder servidor se anticipa a las diferentes _____ por las que van a pasar sus hijos.

9. Un líder servidor _____ decirle a su mujer lo que _____.

10. Un líder servidor proporciona los medios _____ para suplir las _____ de su familia.

11. Un líder servidor no se _____ cuando tiene que _____ con su mujer y su familia.

12. Un líder servidor _____ con su mujer regularmente.

13. Un líder servidor _____ familiares significativas.

14. Un líder servidor _____ para su familia de forma regular

15. Un líder servidor dedica cierto tiempo a dar _____ a sus hijos para la vida, de manera que se sientan más seguros a la hora de relacionarse con sus compañeros.

16. Un líder servidor _____ el _____ del hogar y prevé los momentos de mayor presión.

17. Un líder servidor asegura la solvencia _____ de la familia, y la protege de la amenaza de las _____.

18. Un líder servidor se asegura de que él y su mujer tengan un _____ y un plan para sus _____ en caso de _____.

19. Un líder servidor deja que su mujer y sus hijos entren en su vida _____.

20. Un líder servidor _____ a su mujer en público a menudo.

21. Un líder servidor habla de _____ a sus hijos de manera que adquieran una perspectiva sana.

22. Un líder servidor anima a su mujer a que se _____ como individuo.

23. Un líder servidor se coloca a la cabeza y establece, con su mujer, unos _____ familiares sólidos basados en la Biblia.

24. Un líder servidor ha de _____ a un grupo reducido de hombres que se dediquen a _____ sus habilidades como hombres, maridos y padres.

25. Un líder servidor proporciona _____ a su mujer para que persiga sus propios _____.

Preguntas Para el Grupo Pequeño

1. Vuelva a observar la lista de "25 formas de ser un líder servidor". ¿Mencione una o dos que usted destacaría para mejorar su liderazgo-servidor? Explíquelo.

2. De esta lista de 25 sugerencias, ¿cuál le intimida más? ¿Por qué?

3. ¿Cuál cree que su mujer diría que necesita más de usted? ¿Por qué?

## PADRES E HIJOS

I. El Poder del Padre

    A. Tres modelos de crianza de hijos

        1. Crianza _____

        2. Crianza _____

        3. Crianza _____

    B. El Padre es el Destino

II. Tres ingredientes de una paternidad estratégica

    A. _____ = _____

    B. _____ = _____

    C. _____ = _____

III. El Poder de la Ceremonia: 5 características

    A. Las ceremonias inolvidables son muy _____.

    A. Las ceremonias inolvidables confieren _____.

    C. Las ceremonias inolvidables emplean _____.

    D. Las ceremonias memorables involucran _____.

    E. Las ceremonias memorables confieren una _____.

IV. Las ceremonias que he usado

   A.  Mi Historia

   B.  El "Modelo de los Caballeros"

   C.  Las cuatro ceremonias

       1.  Ceremonia de la pubertad del "paje"

           • Cintas de Dobson

           • Definición de Masculinidad

           • Un símbolo para Recordar

           • Oración Ceremonial

       2.  Ceremonia del "escudero" que abandona su casa

           • Reunión de Padres

           • Una Esplicación de Nuestro Escudo

           • Circulo de Oración Ceremonial con Familias

3. Ceremonia del "caballero" en la graduación

    - Reunión de Hombres

    - Palabras Sabias

    - El Anillo y Encomendación a la Masculinidad

    - La Bienvenida a la Mesa Redonda

4. El Ceremonia del "Juramento" del Matrimonio

    - El Ensayo

    - El Reto de Los Padres a Vivir una Vida de Corage

    - El Obsequio del Escudo

V. Todo hijo necesita iniciarse en la masculinidad

   A. ¡Sean _____ !

   B. ¡A sus hijos _____!

Preguntas Para el Grupo Pequeño

1. ¿Qué es lo más emocionante que ha escuchado hoy? Explíquelo.

2. ¿Cómo ha ayudado a su hijo a medir su progreso hacia la masculinidad?

3. ¿Qué podría hacer durante este próximo año para iniciar a su hijo en la masculinidad? ¡Incluya esto en su plan de masculinidad!

   **Recuerde… ¡Sólo quedan 2 semanas para completar su Plan de masculinidad!**

LA BÚSQUEDA DE UNA MASCULINIDAD AUTÉNTICA
**SESIÓN 23**

# PADRES E HIJAS

LA SEMANA QUE VIENE...
Debe presentar su plan de masculinidad en su grupo pequeño y entregarlo al responsable de su Fraternidad de Hombres™!

I. Tres Retos para las Hijas y la Introducción de la "Nueva Femineidad"

    A. El reto de una búsqueda suprema: ir _____.

    B. El reto del declive de los _____.

    C. El reto de la aparición de la _____.

II. Lo Que el Padre Aporta a sus Hijas

    A. Si el Padre Está Presente ...

        1. Se sentirán muy seguras en su _____ como mujeres

        2. Podrán _____ con facilidad con el otro sexo.

        3. Tendrán una _____ altamente satisfactoria con sus maridos.

    B. Si el Padre No Está Presente ...

        1. Desarrollarán personalidades _____ e _____, y tendrán dificultades para establecer relaciones _____ con los hombres.

        2. O ... se volverán indebidamente _____ _____ o _____.

III. En la práctica, ¿qué puede hacer un padre por sus hijas?

    Una _____ _____ ...
    • Rechaza las _____      • EDUCA a la _____
    • CREE en las _____      • ESPERA la _____

LA BÚSQUEDA DE UNA MASCULINIDAD AUTÉNTICA
**SESIÓN 23**

    A. Establecer, junto a su mujer, una clara definición de lo que significa ser una _____.

    B. Ayudar a que las madres _____ con los niños, sobre todo durante los años decisivos de su formación.

    C. Apoyar, honrar y animar los verdaderos _____ en su esposa y en sus hijas.

    D. _____ con sus hijas y mantenerse en sus vidas en el plano personal.

    E. Animar y participar en las _____ que celebren la verdadera feminidad.

        1. Durante la Pubertad:

        2. Al Irse de Casa:

        3. Al Graduarse de la Universidad:

        4. Al Casarse:

Preguntas Para el Grupo Pequeño

1. Tenga hijas o no, ¿qué es lo más importante que le ha escuchado hoy acerca de las muchachas de hoy en día?

2. Reaccione ante la definición que se ha dado sobre "Una verdadera mujer". ¿Cómo definiría usted a una verdadera mujer?

3. ¿Qué paso podría dar usted, como padre, con su hija? Explíquelo. ¿Qué pasos a largo plazo podría incluir en su Plan de masculinidad?

## EL HOMBRE Y EL VIAJE DE SU VIDA

I.  Mirando por el Gran Angular

II. El Mapa del Ciclo de la Vida

   A.  Daniel Levinson: Seasons of a Man's Life, Ballantine Books, 1978

   B.  Un Resumen:

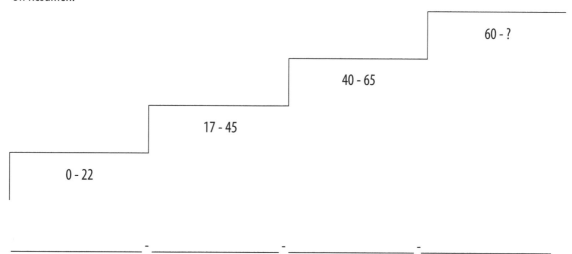

_____ - _____ - _____ - _____

   C.  Las cuatro estaciones y transiciones

   1.  Primavera

   2.  Verano

   3.  Otoño

   4.  Invierno

III. El Mapa de las Etapas de la Vida

   A. Robert Hicks: The Masculine Journey, NavPress, 1993

   B. Un Resumen:

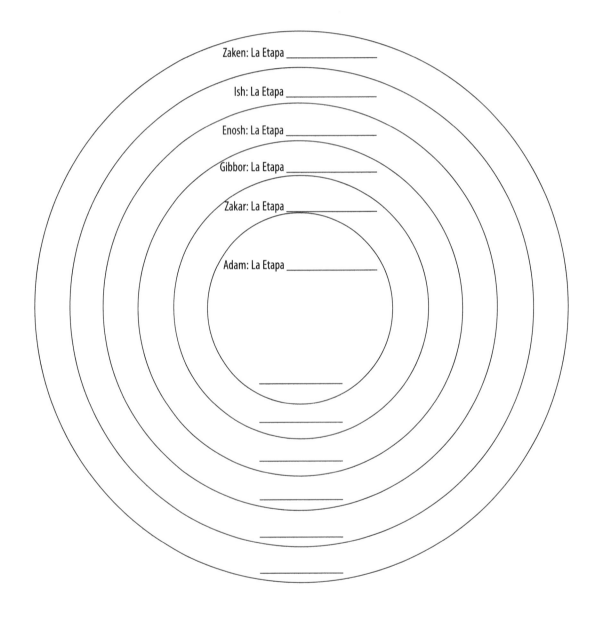

C. Las Seis Etapas de la Vida

   1. Etapa Creacional (0-20)

      a. Dones y Talentos

      b. Aceptación y desarrollo, o confusión y oportunidades perdidas

   2. La Etapa Fálica (13-25)

      a. Energía sexual

      b. Amiga o dueña

   3. Etapa del Guerrero (20-40)

      a. Establecerse como hombre

      b. La vida luchando

   4. Etapa Herida (40-50)

      a. Poderosas Reevaluaciones

      b. Renovarse o estancarse

   5. Etapa Madura (50-60)

      a. Un sentido más profundo

      b. Movimientos estratégicos y mentorado

   6. Etapa sabia (60+)

      a. Portador de estandarte

      b. Contribuciones especiales

      c. Dejar un legado

IV. EL MAPA DE SU PLAN DE MASCULINIDAD

Preguntas Para el Grupo Pequeño

1. Compartan sus Planes de masculinidad unos con otros.

    ¿Cuál es el segmento más importante de su plan?

    ¿Cuál es el segmento más emocionante de su plan?

2. Asegúrese de entregar hoy su Plan de Masculinidad.

3. Asegúrese de haber escrito su nombre.

4. Visite la página www.mensfraternity.com para futuras actualizaciones.

# LA BÚSQUEDA DE UNA MASCULINIDAD AUTÉNTICA
## RESPUESTAS

**Sesión 1**
- II-Nombre/FH1: La búsqueda de una masculinidad auténtica
- II-Nombre/FH2: El hombre en el trabajo y en el hogar
- II-Nombre/FH3: La Gran Aventura
- II-Enfoque/FH1: La identidad central del hombre
- II-Enfoque/FH2: Las principales responsabilidades de un hombre
- II-Enfoque/FH3: El destino elegido por el hombre
- II-Principales/FH1: Las heridas del hombre; Definición de Masculinidad Resumen de asuntos de la Masculinidad
- II-Principales/FH2: Cómo disfruta un hombre con su trabajo; Cómo se relaciona con éxito un hombre con una mujer
- II-Principales/FH3: Redescubrir la gran aventura de la vida; Comprendiendo tu diseño; Desarrollo de enfoque de vida satisfactorio
- II-Desafío/FH1: El niño que hay en ti debe morir
- II-Desafío/FH2: El hombre que hay en ti debe dar un paso adelante
- II-Desafío/FH3: El aventurero que hay en ti debe vivir
- II-Pasión/FH1: Toma el control de tu masculinidad
- II-Pasión/FH2: Establece tu masculinidad
- II-Pasión/FH3: Maximiza tu masculinidad
- III-A: Confusión
- III-B: Confundidos
- III-C: Confundidos
- III-D: visión
- III-E: Biblia
- V-A: definición
- V-B: lenguaje
- V-C: descubrimientos
- V-D: amigos
- V-E: plan personal

**Sesión 2**
- II-A: La Cara del Rey
- II-A1: Energía de lo que es justo
- II-A2: Fuertes convicciones / Toma decisiones morales con valentía / Un espíritu de servicio / Un liderazgo justo
- II-A3: Proverbios 4:18/Proverbios 20:7
- II-B: La Cara del Guerrero
- II-B1: Energía de Conquista
- II-B2: Iniciativa / Protección / Ampara / Persevera / Lucha
- II-B3: 1 Timoteo 6:11-12
- II-C: La Cara del Amante
- II-C1: Energía Romántica
- II-C2: Ternura / Sensibilidad / Atención sacrificada / Transparencia emocional / Muestras de afecto físico
- II-C3: Efesios 5:25
- II-D: EL Amigo
- II-D1: Energía de la Unión
- II-D2: Lealtad / Responsabilidad mutua / Desafío / Diversión
- II-D3: Proverbios 17:17/Proverbios 27:17
- III-A: feas caricaturas
- III-Ar izquierda: Desertor
- III-Ar derecha: Tirano
- III-Aami izquierda: Solitario
- III-Aami derecha: Usuario
- III-Ag izquierda: Pelele
- III-Ag derecha: Destructor
- III-Aama izquierda: Frio
- III-Aama derecha: Crítico
- III-B: Rey / Rey / Guerrero
- III-C: Guerrero / hombre blando / indeciso / débil
- III-D: cuatro caras

**Sesión 3**
- IV-A: una excepción / solo
- IV-B: conectar / demonios
- IV-C: pasado /asuntos que tiene pendientes
- IV-D: desempaque su pasado / problemas / dolor
- IV-E: ayuda / hecho a sí mismo
- IV-F: vida familiar

**Sesión 4**
- I-A: sociedad
- I-B: dinámica familiar
- I-C: Papá
- II-A: asuntos pendientes
- II-A1: asunto sin resolver / dirección / dinámica
- II-A2a: Padre Ausente
- II-A2b: Vínculo Demasiado Fuerte / Madre
- II-A2c: Soledad
- II-A2d: Visión
- II-A2e: Corazón
- II-B: visión
- II-C: plan

**Sesión 5**
- I-viviendo con: (de izda. a dcha.) 82,5 / 77,6 / 67,8 / 61,7
- I-viviendo separados: (de izda. a dcha.) 17,5 / 22,4 / 32,2 / 38,3
- I-Proverbios 17:6: "La gloria de los hijos son los padres".
- II-A: déficit / relación sana / por otros medios
- II-C1: Rabia y Dolor
- II-C2: Conductas extremas y adicciones u obsesiones
- II-C3: Sensación interna de pérdida o vacío
- II-C4: Homosexualidad
- III-A: Tiempo juntos
- III-B: Recursos para la vida
- III-C: Dirección con respuestas sólidas
- III-D: Convicciones a través del ejemplo
- III-E: El corazón del padre

**Session 6**
- I-A: por qué/como

## RESPUESTAS

| | |
|---|---|
| I-A1: | historia |
| I-A2: | producto |
| I-A3: | controlados / control |
| I-B: | moldean |
| I-C: | niveles epidémicos |
| II-A: | lo esencial |
| | Asegurarse de que escuche: |
| | 1) "TE QUIERO" (afecto) |
| | 2) "ESTOY ORGULLOSO DE TI" (admiración) |
| | 3) "ERES BUENO" (afirmación) |
| | Asegurarse de que tenga: 1) UNA VISIÓN DE LA MASCULINIDAD (una ceremonia de masculinidad para ponerle broche a este proceso) |
| | 2) UN CÓDIGO DE CONDUCTA (que rija sus vidas) |
| | 3) UNA MOTIVACIÓN TRASCENDENTAL (algo por lo que vivir, al margen de ellos mismos) |
| II-B: | acortar la distancia |
| II-C: | ayuda y una estrategia sólida |
| II-D: | de forma responsable |
| II-D1: | Perdonar |
| II-D2: | justicia suprema de Dios |
| II-E: | buscar la reconciliación con valor |
| II-E1: | deficiencias relacionales |
| II-E2: | conflicto del pasado |
| II-F: | su amor |
| II-G: | su bendición |
| II-H: | recupere / buenos padres |

### Sesión 7

| | |
|---|---|
| II-A: | física |
| II-B: | emocional |
| II-C literal: | unidad / madre |
| II-C separación1: | física |
| II-C separación2: | emocional |
| II-C relacionalmente: | unidad / madre |
| III-A: | insana / el miedo / sobreidentifique / someta |
| III-B1: | sutil |
| III-B2: | amor y cariño |
| III-B3: | falta de atención / sobreprotección |
| III-B4: | amor / control |
| III-B5: | deformar |
| IV-A: | distante / ausente |
| IV-B: | cuatro tipos de madres: |
| IV-B1: | Ignorante |
| IV-B2: | necesitada, herida |
| IV-B3: | no quiere dejar ir |
| IV-B4: | llena el hueco |
| V-A: | dominantes / controladores |
| V-B: | pasivos / sumisos |

### Sesión 8

| | |
|---|---|
| I-C1: | pasivos |
| I-C1 puntos: | Hombre blando (fantasía / pornografía) / Feminizado |
| | Esposo pasivo |
| I-C2: | dominantes |
| I-C2 puntos: | Masculinidad de Conquista (violencia, abuso, aventuras, violación, etc.) / Independencia Feroz (miedo a ser vulnerable) / Esposo estricto Marido |
| III-A: | ella / es imposible |
| III-B: | lo que piensa Dios / lo que piensa su madre |
| III-C: | apoyo / otros hombres (o un consejero) / plan / errores |
| III-C1: | temas específicos / aplicaciones específicas |
| III-C2: | límites |
| III-C3: | consecuencias |
| III-D: | plan |
| III-D1: | relacionarse |
| III-D2: | encuentro cara a cara |
| III-E: | hombres en su vida |
| III-F: | usted / no |
| III-G: | castigo emocional / se retire enojada / se adaptará |
| IV. | llamado / alejarse |
| IV-A: | claro y directo |
| IV-B: | aceptado |
| IV-C: | ceremonia |
| V-A: | piernas |
| V-B: | YA |

### Sesión 9

| | |
|---|---|
| I-A: | El mentor admirador |
| I-B: | El amigo del alma |
| I-C: | El protegido necesitado |
| II definición: | pérdida / camaradería social |
| II puntos: | 1) Soledad / desánimo |
| | 2) Conductas estúpidas / puntos débiles |
| | 3) Una masculinidad limitada |
| III. | Hombres |
| III-B1: | perspectiva retorcida |
| III-B2: | disoluta |
| III-B3: | falta |
| III-B4: | pierde |
| III-D1: | 3 claves |
| III-D1 puntos: | Lealtad / Fidelidad (a "nuestros valores") / Animarse |
| III-D2: | Buscar |
| III-D3: | Acercarse / reunirse regularmente / mejorar |
| III-D4: | auténticos / corazón |
| III-D5: | Disfrutar / vida |

### Session 10

| | |
|---|---|
| II-A1: | hasta cierto punto |
| II-A2: | especialistas |

## RESPUESTAS

| | |
|---|---|
| II-B1: | apoya / compite |
| II-B2: | animador / crítico |
| II-B3: | fomentar / evitar |
| II-B4: | admira / disfruta / reconoce, instintivamente |
| II-B5: | amigo / confidente |
| II-D1: | Sabiduría |
| II-D2: | Consejos |
| II-D3: | Cree |
| II-D4: | Celebra |
| II-D5: | héroe |
| IV-A: | tiene / personalmente |
| IV-B: | Opta / relación |
| IV-C: | arriesgarse |
| IV-D: | respetado |
| IV-E: | recursos |
| IV-F: | consultan |
| IV-G: | Habla / escucha |
| IV-H: | coherente |
| IV-I: | reconocer / necesidades |
| IV-J: | intereses |
| V-A1: | ciclo |
| V-A2: | simbiótica |
| V-A3: | instintivamente / experiencia |
| V-A4: | objetivo |
| V-A5: | satisfacción |
| V-B1: | Esperanza |
| V-B2: | Sabiduría |
| V-B3: | visión |
| V-B4: | Apoyo |
| VI-A1: | puntos fuertes / vivencias |
| VI-A2: | tiempo |
| VI-A3: | joven (u hombre) |
| VI-A4: | conectan / necesita |
| VI-B1: | Orar |
| VI-B2: | preguntar |
| VI-B3: | desanimarse / negativa |
| VI-B4: | grupo |

### Sesión 11

| | |
|---|---|
| II-A: | poca autoestima |
| II-B: | culpa es / de otros |
| II-C: | no tenemos una educación adecuada |
| II-D: | genes / defectuosos |
| III-A: | malditos / Herida de la depravación |
| III-B: | perdidas / defectuosas / enfrentados |
| III-C1: | separado / juicio |
| III-C2: | corrupta / curar |
| III-C3: | corrupta / corrompe |
| IV-A: | Herida de la depravación / solución espiritual |
| IV-B: | Admitir / herida de la depravación |

### Sesión 12

| | |
|---|---|
| I-B: | perdidas / enfrentadas / por naturaleza |
| II-A: | Nacemos separados |
| II-B: | destinados |
| II-C: | esclavos |
| II-D: | inclinación |
| IV-A1: | disfunción |
| IV-A2: | en mí / fuera |
| IV-A3: | educación / entorno / conocimiento / fuerza de voluntad |
| IV-A4: | máscaras / educación / personalidad / normas / religioso |
| IV-A5: | confiar |
| IV-A6: | Admitir |
| IV-A7: | comprensión |
| IV-B1: | domésticas |
| IV-B2: | dirigir con dureza |
| IV-B3: | carreras / actividades / objetivos mayores señalados por Dios |

### Sesión 13

| | |
|---|---|
| II-A1: | sabía mucho / perdido |
| II-A2: | mucha fe / Jesucristo |
| II-A3: | cambié demasiado / cambió |
| II-B1: | sobrenatural |
| II-B2: | irremplazable |
| II-B3: | personal |

### Sesión 14

| | |
|---|---|
| I-B: | visión |
| II-A1: | confusión |
| II-A2: | Confundidos / problemas |
| II-A3: | confundidos |
| II-A4: | visión |
| II-A5: | Biblia |
| II-B1: | definición |
| II-B2: | Descubrirán |
| II-B3: | amigos |
| II-B4: | lenguaje |
| II-B5: | plan |
| III-A: | desempacando |
| III-A1: | Padre Ausente |
| III-A2: | Vínculo demasiado fuerte con la Madre |
| III-A3: | Soledad |
| III-A4: | Corazón |
| III-B1: | ATRINCHERARNOS |
| III-B1 Fase 1: | Dios / egoísta / egocéntrica |
| III-B1 Fase 2: | herida |
| III-B1 Fase 3: | egoístas / heridos / utilizamos |
| III-B1 Fase 4: | empujados / culpamos / sufrimiento |
| III-B1 Fase 5: | comprar / escapar |
| III-B1 Fase 6: | endurece |
| III-B2: | LIBERARNOS |
| III-B2 Fase 7: | Descubre / Admite / Acepta / Deja / lamenta |

# LA BÚSQUEDA DE UNA MASCULINIDAD AUTÉNTICA
## RESPUESTAS

Debajo: (caja 1) Jesucristo
(caja 2) Nacemos de nuevo
(caja 3) vida / Cristo

### Sesión 15
- I-A: ficción
- I-B: realidad
- I-C: masculinidad / ideales / decadencia
- I-D: raíces
- I-D derecha: Perspectiva de gran angular / Primer plano / Primerísimo plano
- II-A: valores
- II-B: vocación
- II-C: estructura
- III-A: primero
- III-B: ocupación / responsabilidad
- III-C: liderar / Su Palabra
- III-D: nombre / creación
- III-E: ayudante idóneo

### Sesión 16
- I: dominación / fracaso / no
- II-A: nombra
- II-B: forme
- III-A: corromper / invertir
- III-B: Adán / mujer
- III-C: pasividad
- III-D: inversión
- III-E: dominación
- III-F: muerte / lleva el peso
- III-G: vuelve a dar nombre / liderazgo

### Sesión 17
- I-A1: líderes sociales / espirituales
- I-A1a: reina el caos
- I-A1c:
  1) Los hombres se muestran confusos, desorientados e inquietos
  2) Las mujeres sufren y tienen que luchar por su igualdad y protección
  3) La vida familiar se resiente y los niños sufren
  4) Según les vaya a los hombres, así le irá a la sociedad
- I-A2: sobrenatural
- I-A2a: obedecer
- I-A2b: hacer
- I-A2c: amar / cuidar
- I-B1: cultural / creacional
- I-B2: la caída
- II-B: espirituales
- II-C: destinos
- II-C1a: forma
- II-C1b: instinto / razón / revelación
- II-C1c: los demás
- II-C1d: trascendente
- II-C2e: alma / nada más
- II-C2f: hacia
- II-C2g: revelación
- II-C2h: los demás
- II-C2i: trascendente
- II-C2j: espíritu
- II-D: Masculinidad Convencional / Masculinidad Convencional
- II-D1: hace / es
- II-D2: Competición / Comunidad
- II-D3: Temporal / Transcendental
- II-D4: Personales / Eternas
- II-D5: El Yo / Otros
- II-D6: Éxito / Lo importante
- III-A: pasiva / rechaza la pasividad
- III-B: rechazan la pasividad social y espiritual

### Sesión 18
- II-A: pasividad / rechazó la pasividad
- II-B: aceptó su responsabilidad
- II-B1: voluntad / trabajo / mujer
- II-B2a: sobre él
- II-B2b: reconocer / asumir
- II-B2c: honrado / responsabilidades
- II-B2d: deseo / honrar
- II-C: liderar con valor
- II-C1: liderar / valor
- II-C2: dirección / protección / legado
- II-C3: Sentimientos
- II-D: esperó una recompensa mejor, la recompensa de Dios
- III-A: pasividad / responsabilidad / valiente / recompensa, Recompensa de Dios

### Sesión 19
- I-A: Perspicacia y habilidad
- I-B: Agradecimiento y valor
- I-C: Igualdad y valor
- II-A: tradicional
- II-A1: Rey
- II-A2: Señor
- II-A3: Beneficio personal
- II-A4: Suele haber un ganador y un perdedor
- II-B: idéntico
- II-B1: Compañero
- II-B2: Ausencia de líder
- II-B3: Igualdad
- II-B4: Equilibrio complicado con caídas bastantes fuertes
- II-C: bíblico
- II-C1: Cabeza
- II-C2: Responsabilidad y sacrificio
- II-C3: Unidad
- II-C4: Salud, felicidad y armonía

## RESPUESTAS

| | |
|---|---|
| III-A: | pequeño / esencial / éxito |
| III-B1: | Roles |
| III-B2: | Respuestas |
| III-B3: | Preocupaciones |
| III-C1: | Cabeza / Líder-servidor |
| III-C2: | Ayudante / Amante-sirviente |

### Sesión 20

| | |
|---|---|
| I-B1: | tradicional |
| I-B2: | idéntico |
| I-B3: | bíblico |
| II-A: | otorga Dios |
| II-A izquierda: | Ayudante |
| II-A derecha: | Cabeza |
| II-B: | fortalecen |
| II-C punto derecha: | Compañía / Admiración / Apoyo / Receptividad física |
| II-C punto izquierda: | Compañía / Seguridad / Sentirse importantes / Receptividad emocional |
| IV-A: | Posiciona |
| IV-B: | Organiza |
| IV-C: | Crea / mejor |
| IV-D: | ideal |
| IV-E: | Honra / bendición |
| IV-F: | prosperar / avanzar |

### Sesión 21

| | |
|---|---|
| II-A: | iguales / funciones |
| II-A izquierda: | nutritivo / cuidado / apoyo |
| II-A derecha: | liderazgo / valor / responsabilidad |
| II-C: | LÍDER SERVIDOR |
| III-1: | cuenta |
| III-2: | responsabilidad espiritual |
| III-3: | "Lo siento" / "Perdonadme". |
| III-4: | domésticas / justamente |
| III-5: | económicos importantes |
| III-6: | cumple |
| III-7: | etapas |
| III-8: | diferentes etapas |
| III-9: | suele / le gusta de ella |
| III-10: | económicos / necesidades básicas |
| III-11: | distrae / hablar |
| III-12: | Ora |
| III-13: | inicia tradiciones |
| III-14: | planifica salidas divertidas |
| III-15: | instrucciones prácticas |
| III-16: | establece / calendario de actividades |
| III-17: | económica / deudas |
| III-18: | testamento / hijos / fallecimiento. |
| III-19: | interior |
| III-20: | honra |
| III-21: | sexo |
| III-22: | desarrolle |
| III-23: | valores |
| III-24: | unirse / mejorar |
| III-25: | tiempo / objetivos |

### Sesión 22

| | |
|---|---|
| I-A1: | ausente |
| I-A2: | comprometida |
| I-A3: | estratégica |
| I-B: | "La gloria de los hijos son sus padres." Proverbios 17:6 |
| II-A: | "LEVANTAR LA PELOTA"=Carácter Convincente del Padre |
| II-B: | "COLOCAR" = Instrucciones Claras del Padre |
| II-C: | "REMATE" = Ceremonias Creativas del Padre |
| III-A: | costosas |
| III-B: | valor a la persona que las celebra |
| III-C: | símbolos |
| III-D: | a las personas importantes en la vida del que las celebra |
| III-E: | nueva visión de la vida |
| V-A: | creativos |
| V-B: | les encantará |

### Sesión 23

| | |
|---|---|
| I-A: | del hogar a una profesión |
| I-B: | valores tradicionales femeninos |
| I-C: | madre ausente |
| II-A1: | identidad |
| II-A2: | relacionarse |
| II-A3: | vida sexual |
| II-B1: | ansiosas / inseguras / sanas |
| II-B2: | asertivas / furiosas / promiscuas |
| III-A: | verdadera mujer |
| III-A caja: | Una verdadera mujer/ tentaciones del mundo por sentirse importante / prioridades de Dios / siguiente generación / mejor recompensa de Dios |
| III-B: | se queden en casa |
| III-C: | valores femeninos |
| III-D: | Tener citas |
| III-E: | ceremonias |

### Sesión 24

| | |
|---|---|
| II-B 0-22: | -Infancia y adolescencia (horizontal) -Transición 17-22 (vertical) |
| II-B 17-45: | -Primera etapa adulta (horizontal) -Transición 40-45 (vertical) |
| II-B 40-65: | -Etapa adulta intermedia (horizontal) -Transición 60-65 (vertical) |
| II-B 60-?: | Última etapa adulta |
| II de izda a dcha abajo: | Primavera / Verano / Otoño / Invierno |
| III-B diana | De arriba a abajo: Sabia-Madura-Herida-Guerrero-Fálica-Creacional 0-20 / 13-25 / 20-40 / 40-50 / 50-60 / 60+ |